vermelho
vivo

▼

DÉBORAH DE PAULA SOUZA

vermelho
vivo

1ª edição | 2021
São Paulo

LARANJA ● ORIGINAL

SUMÁRIO

11   RELÂMPAGOS

13   broto
14   vinho
15   calma
16   cheia
17   desenganada
18   trindade
19   atônita
20   mistério
21   o que dizem os sábios
22   neon
23   cinema
24   ponto fraco
25   cassino love
26   briga de amor
27   reconciliação
28   expresso
29   china tao
30   para curar mon coeur
31   a corte
32   enamorada
33   felicidade

35   A MORTE DO AMOR

37   ilha

38	continente
39	perdido
40	a morte do amor
41	sozinha
42	o nome
43	taça
44	quieta
45	individro
46	guache
47	o circo
48	aprisionados
49	lâmina
50	os velhos amantes
51	diagnóstico
53	ENTRE OS MUNDOS
55	sopro
56	respiração
57	do corpo
58	batismo
59	o mundo
60	ambição
61	o círculo
62	gêmeas
63	augusto
64	matriz
65	caldeirão
66	minha mãe morreu
67	navaratri
68	viva voz
69	jardelina
70	terra

71 o último rio
72 entrevista com a vidente
74 latinas
75 o surto
76 caro futuro
77 fome
78 pranayama
80 skincare

83 PALAVRA PÓLEN

85 cautela
86 pragmática
87 lá onde isso era
88 divã
90 a nascente da escuta
92 lispector
93 altar

95 A CARTA DA IMPERATRIZ

97 gênese
98 a primeira mulher
99 biografia
100 o quarto
101 oxum no apartamento
102 rapto
103 noite de núpcias
104 bárbara
105 compasso
106 a carta da imperatriz
107 desconfiada
108 script histérico

111	espelho
112	a noiva de hades
113	diabo no corpo
114	aguaceiro
115	nascente
116	atira-te ao rio
117	peregrino
118	vênus
119	zarabatana
120	vermelho
121	BICHO
123	o peixe do palácio
124	baleia
125	dente-de-leão
127	onça
128	fêmea
129	fantasma
130	matilha

Agradecimentos

À minha família, professores e amigos. Aos editores, Filipe e Germana. A todos os que participaram diretamente deste livro: Bárbara, Fabio, Leandro, Leusa, Lucy, Machado.

RELÂMPAGOS

                                              ordenar é vão
                                              todo nome é voo

broto

o esplendor e a morte
já estão ali

guardada na semente
a flor espera

vinho

rosa vermelha no copo
nem sabe que é obscena

perfuma, abre
rouba a cena

calma

não perturbar
o preparo
do mundo

deter-se
ante a infância
do que será

cheia

a lua nasce
o senso quebra
um deus me brinda

o céu vermelho
é o prefácio
da obra-prima

desenganada

derrama dom silêncio
depõe palavra pouca
desfia uma voz rouca
devia dizer louca

trindade

a loucura existe
a morte existe
o amor também
amém

atônita

um dia
o que você sabe
vem à tona

mistério

a origem
é foda
ninguém sabe
o que vem antes

nem depois

o que dizem os sábios

você vai morrer
quem você ama
vai morrer

neon

é o farol das coisas que me mata
quando ele se acende
desse jeito insano

basta um insight
e eu me dano

cinema

a beleza é uma vertigem
vem do escuro como um jorro
nos deixa em estado de plugue
tomados pela visão
sem salvação e sem decoro

ponto fraco

sou vulnerável à beleza
aos encantos da inteligência
ao vinho e à natureza
alucinógena do amor

cassino love

um rei, uma dama
um ás na manga
punhal pelas costas

ladies and gentlemen
façam suas apostas

briga de amor

vidraça trincada
rodamoinho
vendaval

não sei, não
desconfio

nada disso
é original

reconciliação

depois de tudo
veludo

expresso

café com swiss dark lindt
teus beijos pretos
pelando

china tao

sopa de tubarão
chá de jasmim
amando sasha
caí em mim

para curar mon coeur

aninho teu bico
no meu peito
e canto

corte

amanhã me lembrarei
desta noite de amor
como se um dia
tivesse sido rainha

e fui

enamorada

reluzente
umidíssima
cúmplice litúrgica
gueixa e vestal
amanheço

felicidade

o coração preenchido
a alma limpa
e o dorso arranhado

A MORTE DO AMOR

> (...)
> Morrer
> É uma arte, como tudo o mais.
> Nisso sou excepcional.
> (...)
>
> "Lady Lazarus", Sylvia Plath

ilha

vejo o mundo daqui
com olhos ateus
altares naufragam
nem mapas nem deus

meu pai
minha mãe
meus brinquedos
foram todos contigo

(amar o amor
e seu jazigo)

continente

resgato minha atlântida
do centro de um mar redondo
cheio de ilhas sem pontes
por onde vaguei mil anos
fincando os pés sobre os corais

louca rezando a ladainha
por tudo o que é nunca mais

perdido

eu te abençoo
eu te maldigo

até quando acaba
acho o amor bonito

a morte do amor

diante do nunca mais
sou uma mulher velha
os seios murchos
sem dentes
sem leite
sem lágrimas
as mãos postas em súplica
para um deus descontínuo
que me insulta em silêncio

fecho o livro
limpo a lápide
retiro a fita azul
que marca nossa passagem

não chora, meu amor
chegamos ao fim da viagem

sozinha

não me excedo
no julgamento
nem na confissão

contenho
contemplo
passo

em silêncio ritual
me ultrapasso

o nome

como se chama aquilo
que nunca mais posso chamar?

silêncio ímpar
sem par

o nome do adeus é um deus
que grava meus olhos nos teus
e presta perpétuo socorro

sem palavras
eu morro
então aprendo a rezar

taça

prova
este vinho nasceu
antes da doçura
quando as uvas
não estavam
ainda machucadas
às vésperas da cópula
no desamparo alegre
que antecede
nossa embriaguez

quieta

acerca dos teus hematomas
não posso fazer
nenhum discurso
nem mesmo o mais singelo

cerco-te
transparente redoma

o meu desalento
é tão sincero

individro

de mim não sei mais que um medo
nessa lição da morte

já você
cintila tão lindo
exatamente no vidro
exatamente no corte

guache

lavar a dor na água
lavar a própria água
até chegar a quase nada

guache
bolha
espuma

amor
passado
a limpo

névoa
never
bruma

o circo

sim, estivemos tristes
quando fomos um do outro
embora
tivéssemos sido nós
imensos como a lona do circo
que parte
deixando no terreno
marcas de leões
e alegria

aprisionados

o déjà-vu da solidão
inventário do tempo e da memória

o cárcere triunfa na paixão
sofrer tem lá sua glória

lâmina

tonta com o vinho
das tuas palavras
tantra sob a lâmina
das tuas ciladas
morta de dar risadas
brilho como falsa joia
– e tão cálida –
zonza entre tuas mãos
e tuas facas
santa com perfume de dálias
sem sutiã, sem rumo, sem sandálias
criança pequena brincando
com navalhas

os velhos amantes

minha memória me engana
tenho quase certeza
que um dia estivemos juntos
faz muito tempo agora

espero que você não fique chateado
às vezes acordo de noite
sinto medo que você tenha morrido
aconteceu uma vez
com a meryl streep no cinema
fiquei arrasada
confundo você
com aquele fotógrafo
da national geographic
confundo nós dois
com todos os filmes de amor

diagnóstico

amor direto na veia
doença e saúde mistura

a febre
anuncia a cura

o óbito acusa:
bálsamo, cicuta e licor

ENTRE OS MUNDOS

> Deus pode ser a grande noite escura
> E de sobremesa
> O flambante sorvete de
> cereja.
> (...)

"Venho de tempos antigos", Hilda Hilst

sopro

a bolha do tempo se dilata
estou dentro desta pele
com minha alma gasta
aguardo que algo se revele
enquanto solto minha casca

hiato entre serpente e anjo
o que eu já fui não basta

desejos alados
me informam
o próximo passo
a estátua se estatela
– mármore em estilhaço –

a dança agora
ocupa o seu espaço

a víbora prepara
o ovo de cristal
dentro do útero
se aninha o filhote
gozo
guizo
bote

nascer é animal

respiração

súbito fui lançada
ao amor e ao desamparo
foi demais para mim
eu não tinha preparo

a vida inteira sem sentido
alcancei num segundo
acalantos e palavras
me resgataram

do corpo

agora sim fiquei possível
não sou mais vaporosa
sou coisa de pegar
minha matéria é morna
estou em estado de corpo
cheia de peso e forma
salva de mistérios outros

batismo

sete velas brancas
um lago
um punhal

rodeada de flores
num círculo de fogo
um punhado de sal

há muitas coisas
que ignoro
não sei porque estou aqui
só sei que choro

o mundo

o único lugar confortável no mundo
é o amor

depois que os espinhos
são retirados da pele
esse é o nome
de quase tudo

ambição

eu queria ser quieta
exata e filosófica
como uma plantação

monge budista
alquimista e sã

eu queria ser
de manhã

o círculo

a pedra na água sabe a sequência
os dervixes dançam
os mundos, os colos, os moinhos
o modo como se aninham os fetos
a roda da fortuna, o tempo
a lua, a mandala, as laranjas
as alianças de ouro
a gema no centro do ovo
a boca na hora da surpresa
o pensamento antes de voar

o círculo precede a roda
nunca para de girar

gêmeas

o mago puxa o sol com seu ímã
e abre um clarão na floresta

desde o início a nossa história
estava escrita na testa
clara, simples, pagã:
a morte e a vida são irmãs

augusto

com ele inventei portugal
compreendi azeites de oliva
jogo de cartas, conhaque e anarquia

devo a ele esta facilidade
de me encantar com os homens
mas também o medo esquisito
de um dia vê-los morrer
meio loucos meio meninos
confundindo o nome dos filhos
na aflição de quem se pergunta
onde termina a vida
onde começa deus

matriz

a languidez de uma hora tal que a tudo ilumina
quando a rua nos acolhe
numa bondade de alpendres e ladrilhos
minha avó rega o vaso de antúrios

tal relíquia
guardo no coração
como jamais guardei homem algum

nessa tarde se preparou
o que viria depois
o que chamei de amor

caldeirão

oh senhora que me deste
uma avó e seus preságios
um livro de alta magia
varinha para invenções
me faz esse sortilégio
me ensina as tuas poções

oh senhora que me deste
o dom desta vida inteira
e na receita de cura
puseste amor e brincadeira
me salva d'eu ficar triste
me poupa das minhas pompas
me deixa ser curandeira

minha mãe morreu

minha vida com ela tem um gato
um livro
um ciúme do meu pai
um pacto
com meu irmão

um cansaço enorme
o telefone da analista
um beijo
uma massagem nos pés
a correntinha de ouro
com o coração dependurado
o pote de sal grosso
um pegnoir acolchoado
a manta para os dias frios
um frasco de l'air du temps
uma reza
uma caixa de lithium
um copo d'água
uma maçã

(no sabá da despedida
o sonho da minha filha:
ela, a caminho do japão
vestida de vermelho)

navaratri

estrela nossa do mar da memória
qual parte de ti vive agora
na cachoeira de ubatuba
onde água e lua tecem
o mantra das tuas senhoras

vi teu funeral pela internet
levava no corpo a dança
as nove noites
as mãos em prece

Para Estelamare

viva voz

hoje acordei com os mortos
fazendo conferências
ao meu redor

escuto a voz deles
não penso coisa com coisa
não sintonizo a razão

como é que os vivos conseguem
levantar tão cedo?

jardelina

1.
ela me oferece
café com pão
o covil das cobras
a nascente da lua
o livro da terra
o rio de leite
o frasco de vidro quebrado
pai da pedra perfumada
que nasceu de amores não consentidos
entre uma menina e um pinhão

não fui a mesma desde então

2.
desfilou pela rua
vestida de noiva
guirlanda, véu e buquê

no túmulo azul do marido
flores de plástico depositou

hospital, estupro, polícia
gritou seu jornal do mundo
sob o sol de bela vista

a cerimônia rouca
encerrou sob sua clave:
"deixe essa pedra para deus
e feche à chave"

terra

teu corpo acalenta os vivos
fontes de água e sementes

adorna teu colo a nuvem nua
vizinha de sóis incandescentes

de noite dorme atávica
matéria escura na galáxia

teu poro solta faísca
teu cronos é pedra e lasca

na via láctea
molha teus peitos

me dá minha vida
que te dou minha morte

assim sempre foi
assim será feito

o último rio

manto de húmus sob as águas
desejo de mar no fim de tudo
leito onde a vida escorre
pedras, beijos, brejos e veludo

o que não se vê
mas é sabido:
peixe, fluxo e rota
o vento arrepia seu tecido

a tarde tonta e amarela
cai cascata no seu visgo
e despenca noiva em branco
gestando espuma-estrondo

no penhasco
o rio fecunda o seu mormaço
e vaza pelos entres, nos hiatos
pesado de beleza e de abismo

segue sumo, são e sinuoso
no leite do mundo entornado
nu entre duas margens
sozinho

entrevista com a vidente

a glória do que era intocado
penetrou minha casa
e todas as coisas antes do nome
revelaram-se para mim
na única hora que habita
o lado de fora do tempo

pela janela escancarada
do agora
nasceu a esplêndida flor
e seu perfume

o curto-circuito de saber
me raptou como um relâmpago:

do estado perpétuo do sono
caí no lugar da véspera
no limbo antes do amor
escuro que precede
a dor do nascimento

cheguei no anúncio do futuro
sem saber ler o seu código

diante de mim
o eterno se apresentou
em cintilâncias de aion

duas luas piscaram
seus nomes em neon:

para sempre
nunca mais

vi todos os pensamentos
numa roda incendiada
flutuavam em torno de mim
não eram mais meus

com a cabeça vazia
vi minha morte
e um funeral de palavras

(tentei ser a mãe
do silêncio que nascia
mas não existe autoria
no reino em que tudo é deus)

Para Dona Romana, curandeira e vidente do Tocantins

latinas

essas mulheres procurando ossos
nas valas nos desertos na vila clementino
essas mulheres chamadas loucas
cavucando histórias movendo destinos
cegas com a balança de tanta precisão
todas senhoras da nossa procissão

pachamama rainha tempestade trovão

encaminhando as almas
no templo esquecido da verdade
velas na mão ciência de saudade
mutiladas da boa sorte portam estandartes
filhos e amores nas fotografias
velam por nós na extensão da noite
guardiãs dos portais
parteiras dos dias

o surto

tenho amor e pena das coisas
passei a rezar
quase sem querer

em meio ao pesar
e apesar de saber
a memória furou
meus olhos vazios

(achava que era velho
pensar em compaixão
e que tudo estava
por um fio)

o choro me consola
a nódoa agora é lago
a mágoa não tem logos

até a razão se interroga
quando a loucura quer colo

caro futuro

esta dança te concedo
mais safa que cega
sem a antiga euforia
é assim que você me pega

pelo flanco vulnerável
cigana de outras paragens
atenta para as miragens
prestes a pertencer

não sei se perco a cabeça
nada vou te prometer
antes que o dia amanheça
aceito te receber

fome

o ovo de santa clara
a gema das coisas todas
o sol os amarelos
as gérberas na sala

os dilúvios são deus
os naufrágios muitos
(morrer é simples no fim)

está passando depressa
o tempo secará em mim
o sonho
a dor
a promessa
o sexo e suas miragens

mas antes de ficar velha
eu vou comer a paisagem

pranayama

juro que estou tentando
a evolução espiritual
visito umas tumbas e tal
como patti smith
fazia com rimbaud

com o tempo
tudo se arranja
mentiam os antigos
hoje descambou

aprendo na aula de yoga:
só existe o presente
descole sua mente
do amanhã
você está aqui
onde seus pés estão

justo agora
perdi o chão

pratico o pranayama
para mudar a vibe
derramo um poema
de tagore pela tarde

troco a senha do uol
na página da ciência
busco canabidiol
cannabis sativa
quero baixar o arquivo
shiva-shakti na consciência

nessa semana
li na rede:
deus
é uma frequência

skincare

1.

passe ácido no rosto estilhaçado
passe setenta anos mil livros um tornado
passe um vulcão três sementes uma montanha
com um túnel alagado

esfregue com algodão e alhos e bugalhos
com sangue de dragão se cura o que está por um triz
condene trezentos quilos de pétalas de rosas damascenas
a um vidrinho cor de âmbar
conserve os ventos do deserto sob a cicatriz

com gerânio bourbon adoce sua tez
entorne um litro de jerez
renove o macerado de venenos vis

no sulco do mapa dupla-face passe
aquele sérum molecular e seus ativos
atue com vigor no bigode chinês
releve o ricto dos lábios morda os dentes
dissolva poros e papadas
no pântano coagulado de leite
sob nuvens de aloe vera

retire com pinça
um olho castanho espatifado no azul

2.

nos oráculos da cútis as linhas redundam
um exército diáfano de acontecimentos

o extenso órgão de seda porosa
será trespassado pelas linhas da mão
onde aquele ruivo leu suas vidas passadas
vidas cheias de infortúnio e insetos peçonhentos
que não morreram na guerra
e assombram até hoje o seu horóscopo

oh como são belas as libélulas
mas a flor que destruirá suas olheiras
permanece sempre viva @immortelle

o contorno dos olhos será feito
com sombras mac mcluhan
a pele como extensão do homem
a mulher limpa nutre tonifica e explode

suas orelhas peludas estão cheias de farpas afiadas
um fiapo de pedra curtida no azeite extra virgem
pode esfacelar o couro do seu corpo 100% orgânico
na remoção de células mortas que nunca
nunca lhe devolverão o ticket do último sunset
(uma garota vai morrer na praia)

passe raio laser e preencha todos os buracos
com vazios de cílios piscantes enredados
nessa máscara rosada de flores acquosas
que espocam espumas em taças flute:
um brinde ao blindex da cútis

passe tempo nas têmporas
o plano é subornar cronos
com vitamina c esperma antioxidante
altas dosagens de poção e tônico

descubra seu arcano hialurônico
sob o leito de placenta e sangue menstrual

passe a limpo sua pele de uma vez por todas
contorne as vértebras das maçãs do rosto
estilhace as pálpebras com napalm

espalhe cinco toneladas de arroz
e uma plantação de mirtilos
você ficará forte e azul
como uma avelã
açucena é o mapa da sua testa, gueixa
açucena antinévoa
chá preto de camellia sinensis no bule de marfim

cara, você não mora mais em mim

PALAVRA PÓLEN

> (...)
> Usamos palavras antigas
> pedra folha e noite.
> Só nelas ainda
> confiamos.
>
> "Um jardim para Ingeborg", Ana Martins Marques

cautela

sei palavras que orientam
muitas esqueci

aquelas que são
o pão e o caminho

sei palavras em vão
desditas, desvios

entre umas e outras
silencio

pragmática

tenho um endereço no meio do mar
empenhei minha palavra na água
e chamei de fundação

só trabalho com o que não se entende

lá onde isso era

em todas as línguas sabemos
que a tradução não existe
mas a certa altura do tempo
é possível
escutar a música

Para João Perci Schiavon e Suely Rolnik

divã

contou o que nem pensava
inventou próprias parábolas
sonhava que era pagã
enquanto a bíblia espreitava
afogada no mar vermelho

comeu o pão que o diabo amassou
(o pão era bom
o cara sabia o que estava fazendo)

queria projetar
uns filmes bacanas do godard
e saiu aquele novelão

um dia chamou o xamã
o senhor austríaco há de compreender
que ela nasceu mexicana
é claro que entende as mulheres
– este mar aberto de sintomas
o céu, o inferno, o sexo, a terra prometida –
não sabe o que ele não entendeu

com furo por todo lado
seu plano inicial era morrer menos
queria tornar-se inabalável
mas o negócio não era bem assim
e resultou cheia de poros
sismógrafa cismando
a precisão dos cataclismas

sem modéstia
sente-se hoje preparada
até para o que não tem nome
– aos borbulhantes, as borbulhas –
o caminho das eras é eros
o caminho do errante é errar
(palavras dá como beijos
mas como se mede um contar?)

escuta
o amor é o amor é o amor
a dor passa enquanto passa
a maravilha não tem cura

Para Heidi Tabacof

a nascente da escuta

a frase encara o poeta
recém-nascida
o destino olha o profeta
e cai na vida

intersecções, contágios
um abismo e suas línguas
é visceral o mar
em que a nau frágil singra

no divã
sussurros e gritos
inventam o mapa-adentro
freud receitou
palavras como unguentos

para os amantes
gemidos e juras
o orgasmo da escuta
é um silêncio que cura

xamã tem tambor
budista, sino
a grande mãe orquestra
o berreiro dos meninos

a escuta de cobain
overdose e nirvana

a escrita de joão
sertão rosa e sagarana

a cada um seu anzol
a cada um sua rima

mautner pescou o sol
e chico, carolina

a poesia está depois
ou é anterior à escuta?

transe ou transa
é ela quem ausculta

o vento é quem orienta
os barcos e as birutas

morrer é ininterrupto
a vida é matéria bruta

lispector

te amo por motivos exatos
egoísta e interesseira
se oferecendo aos pedaços
você curou em mim
a obsessão de ser inteira

ao que era vago, deu nome
ao que eu temia, sentido
você ninou meus pecados
e remendou meus vestidos

quando não sei o caminho
teu passo me hipnotiza

é pra você que eu rezo,
sacerdotisa

altar

diante da poesia de tudo
é que eu enfim me ajoelho
e aperto os olhos
para focar seu lume

estas palavras nunca foram minhas
a poesia é dona de si mesma
e distribui suas senhas faiscantes

estou a seus pés
a mãe do mundo me abençoa
ela tem suas vaidades
brinca comigo
me afaga e me atordoa

vive em seu altar
– luxo de neblinas e placentas –
repleta de diamantes

são dela todas as coisas
as palavras, as nascentes, as faíscas
este instante

A CARTA DA IMPERATRIZ

> (...)
> Sou pedra.
> Você tem de rasgar sua carne para escavar meu peito.
> (...)
> Sou mar.
> Não vou devolver você.
> (...)
>
> "Para um quase amigo", Laura Riding

gênese

a mulher é um repouso roubado
nasceu de algum deus dormido
quando seu coração estava puro
até da bondade

a primeira mulher

tenho meu jardim secreto
um pomar de delícias
pressinto maçãs à frente
me entendo com serpentes
meu homem está nu

tenho um pai poderoso
para amar e desobedecer

depois disso
o gozo da vida inteira
me espera

biografia

desde cedo aprendi a beijar na boca
e a sofrer de medos secretos

a vida me acalentou
sou serena
em retrospecto

na hora h
me descabelo

o quarto

penetro onde há lilases
roxos e carmins
ai de mim

penetro onde a mulher
fabrica o seu silêncio

eu poderia ser lânguida
mas considero apenas
a possibilidade
de tirar os sapatos

oxum no apartamento

na porta
giro o trinco
absorta retiro
lentamente
os brincos

com minúcias me entretenho
dobrados panos guardados
memória bordado e drapê

entre sachês de aroma seco
revolvo fósseis e brumas
incrustados no tempo
– tomo diamantes como exemplo –

minha casa é mineral
mas tem capricho de cheiros
eu a vislumbro inebriada
no centro do aposento primeiro:

reino aprumado de pedras
frescor de lírios e grutas
musgo
húmus
e água doce

rapto

ele me ensina me flagra
de bobo não tem nada
canalha de cara lavada
nas tribos da sua floresta
tantra tambor twist
tanto me triste me toca
bárbaro bruto antigo
me vence me pede abrigo

vândalo me retoma
vilão vapt-vupt
com súbito amor me consola

noite de núpcias

você me flecha
flash
núpcias clic

eu fico noiva
névoa
kids e buquês

vagalume spotlight
acende como isqueiro
chama eu chama você

bárbara

ninfa das coisas mais felizes
te recebo neste campo de arroz
com um amor de inundação
em noites plenas de clarão e luna

por você meu peito
se encheu de leite e espuma
eu desdobrei
a linhagem
das mulheres

uma
a
uma

compasso

o tempo béla
o tempo bartók
o central park
o seu limón

o tempo escravo
o tempo liberto
o que era certo
o que morreu
agora você sabe
isso também era seu

a sua missa
e o seu i miss you
trança
memória
obsessão

no giro da luz
seu estudo
compasso
espanto mudo
de quem vela o mundo
aprendiz

sua estratégia bárbara
seu âmbar-gris

Depois de "Estudo para Estratégia" (2014), coreografia de Bárbara Malavoglia

a carta da imperatriz

sou a dona deste abismo
meu reino é daqui para os fundos
eu nomeio os meus imundos
ilumino a própria sina

a fada de ser menina
me acende velas, lâmpadas
sonhos e insights

a magia está ligada
em milhões de quilowatts

ensaio a iluminação desde dentro
esse baile de máscaras
é só um acontecimento
(e passa)

permito que cada coisa
a seu tempo me aconteça

diante do bem e do mal
recorro aos santos de cabeça
cinema, divã, yoga e tarô

o amor
que cada homem conheceu em mim
nunca me abandonou

desconfiada

preciso urgentemente de alívio
só por isso acredito
em mim, no outro e em deus
essas ilusões perenes
essas mayas, esses maiakóvskis
a quem recorrem desde sempre
os espíritos solitários
os loucos, os bardos
impostores visionários
e todos os que se drogaram
de êxtase, ópio ou amor

quando o alívio vem
acredito em ilusões menores
que contam fábulas
a respeito de sábios
belas mulheres
e uma natureza paradisíaca
em que nunca são citados
nem insetos nem minhocas

no auge da hipnose
vejo a mim
uma mulher sempre madura
sem histeria nem coceira
a te beijar esplêndida

script histérico

teremos uma história de amor
vamos brigar e a culpa será sua
você aprenderá a me amansar
(o que precisa me ensinar logo
não posso depender da sua voz
para ficar calma, cara de normal)

você não compreenderá nada
do que estou explicando
vai achar tudo besteira
cansarei de ser pedagógica
e enjoaremos dessa confusão

trairemos um ao outro
com o sexo, o pensamento, o coração
faremos proezas enormes
para mostrar quem é que manda
e também quem sofre mais
ou se diverte melhor sozinho

eu te perdoarei mil vezes
embora você deteste
me pedir desculpas
acha que me amar basta
que no fundo eu sou criança
me diz enfim que não é meu pai

eu tenho pena porque
se você fosse o meu pai
seria um homem bom para mim
não me faria sofrer
não daria tanto vexame
se comoveria ao saber
que para o amor eu sou louca
mas no resto sou muito brilhante

por isso você me adora
mesmo que eu
não seja mais tão bonita
nem adianta discordar
tenho calcinhas e espelhos
sei muito bem
o que você viu em mim

alucinando que sei tudo
te advirto com premonições e sonhos drásticos
onde morremos os dois afogados
você acha um absurdo e eu não permito
que alguém troque meus delírios
por essas teorias insossas

você me garante que as coisas
não são tão previsíveis
que eu não devia
tratar o amor assim
com esse descaso the end
e podia pegar mais leve
pelo menos no começo
que é como as pessoas fazem
elas deixam pra pirar depois

mas eu não me conformo
de mais uma vez
ter caído nessa história

então você me promete
vamos inventar outra

espelho

conheço os narcisos deste lago
não morrerei envenenada de mim

na hora certa
eu saberei dizer sim

não temo fracassar
nem esquecer quem sou

não me assusta mais o cárcere
do meu ego gigantesco

sei onde estão as chaves
e sei o preço

agora só resta saber
quem vai acreditar nisso

a noiva de hades

deixa eu voltar para casa
ou minha mãe roubará dos tempos
as quatro estações e os ventos

no inverno trarei comigo
a bênção do amor repartido:
moro seis meses com ela
outros seis moro contigo

inventaremos um mundo
de lume e sombra nascido
porque aceito teus perigos
e te ofereço as manhãs

tu te iluminas comigo
e ao teu lado me torno
a soberana das romãs

(agora perséfone sábia
encerra em si a donzela
a morte e a vida são dela

a luz da mulher é um avesso
entrega-se ao rei dos mortos
e engravida de começos)

Para Lucy Dias, Lucia Rosenberg e as deusas

diabo no corpo

de forma que entra
no corpo da mulher
bufando como animal
os chifres quase alados

de modo que toca o intocável
e bole e dança
até que ela lhe prepare
com alegria e gritos
perfumes, crianças
e toda sorte de escândalos

de maneira que agarra
seus cabelos
e respira como um bicho
rescendendo a sândalo
e molha seu dorso
com saliva e cuidado

assim penetra o diabo
falo, punhal ou lembrança
dentro da mulher alcança
a paz e seus contrários

então é homem, filho, calmaria
santo profeta de velhas mesquitas
irmão do que é belo e são
senhor das coisas benditas

aguaceiro

queria amar um homem
sem passar pela paixão
e recusou a oferta
dos três diabos:

o sexo e sua urgência
ritmada de tambor
a memória de seu pai
a lembrança do antigo amor

foi sem pena de si mesma ao aguaceiro
teve dores de parto sem ter filhos
e solitária como nunca quis ser
avançou

nascente

com os cinco sentidos
o sexto e o non-sense
preciso que algo me invente

estou sem eira nem beira
grávida, louca e urgente
mulher no leito do rio
nascente, foz, desvio e fluxo

pesco tua voz como um susto

atira-te ao rio

grafite no cais lisboeta
céu violeta sobre tejo blues

mais um cálice de porto
e aquela chuva toda
inundaria minha noite
como você

peregrino

a ásia sabia inteira
de cor o oriente
sob o manto de safiras me espreitava
com olhar iridescente

quando cruzou meu caminho
não consegui ver mais nada

eu jurei velar seu deus
ele enterrou os olhos nos meus
feito uma adaga

vênus

quem foi que chamou a beleza?
você pediu, aqui estou
quem suportar este sonho
passa a ser seu sonhador

zarabatana

em mim poderás tocar
o alvo luminescente
o lodo pleno das plantas
coisas sem nomes decentes

o plano a ser inventado
moverá mundos e fundos
até o vazio da superfície

(não há o que temer
seremos nós
os seus artífices)

então te devolverei
o que era teu
e nem sabias:

a flecha no coração
lançada no tempo
da fantasia

vermelho

o sol
o sangue
a flama
a tarde em chamas
a púrpura do olhar
que me derramas

morada incandescente
matéria al dente
placenta
mãe

tanto a fome
quanto a fúria
o vulcão e seu tremor
a vida e seus rebentos
a paixão e seus unguentos
a carne
o nascimento
o amor

BICHO

                                    numa caverna da sibéria
                                    dorme uma grande ursa
                                    sonhada pela ursa maior

o peixe do palácio

o corpo é pequeno
para o que acontece aqui
a pele sem contorno
essa água sem fim

escuta o grito das baleias
o arpão e a harpa em mim

engole o mar do japão
vê o peixe do palácio e o silêncio
radioativo da sabedoria oriental:

o coração está cheio de sangue
a lágrima cheia de sal

baleia

eu era uma baleia
cantando eu fabricava o mar
hoje quero saber
o destino da carne

a voragem é antiga
os astrônomos vieram depois
a carta celeste foi escrita
numa presa de marfim

o além-mar cumpriu
desígnios do céu
(a bruxa é uma constelação
no mapa do viajante)

estou ciente
as coisas acontecem
sem a nossa permissão

a ordenação dos astros, a ordenha do leite
o manto de veludo em torno das fêmeas
as natas mornas, os natimortos
as aves plumas, os ovos de ouro
o derramamento das lavas
o tempo remoto da cristalização das gemas
e este fato incompreensível:

de milhões e milhões de anos de silêncio
pode nascer um diamante

dente-de-leão

o confinamento humano
repete o mesmo padrão
do confinamento animal

a genética dos cadáveres
não interfere
no banquete fúnebre

concebemos assim a nossa fome:
filha do vazio
soco no estômago
comedora de tempo
degustadora de morcego
festim afinal engolido
pelo soberano invisível
portador da coroa

ao perder o fio da meada
que ligava a terra ao cosmo
caímos de joelhos no chão
sem rezar um pai nosso
(vida, essa quebradeira de ossos)

os corpos finitos dos homens
antes originários de estrelas
agora produzidos com sobras
de animais e fármacos
tecidos replicantes de mucosas
a serviço do rei gerando vírus

este tempo é um coágulo
no fluxo do mistério
que a ciência descreveu
mas nunca desvendou

– o que é um pulmão
bombeando o oxigênio da terra?
uma máquina de fôlegos
com a fórmula da cura e da morte

o axioma
asfixia e respira
a fábula arfante
do mundo
e seu preâmbulo:

num sopro
a criança destrói
o dente-de-leão

onça

um dia vou sumir daqui
no transe da terra ancestral
sem nióbio nem mercúrio
o brasil antes do pau

país kopenawa davi
onde enfim me tornarei
uma onça yanomami

fêmea

vaca
porca
cadela

pelo
teta
dente

côncava
cona
caverna

cio
filhote
leite

fantasma

nos confins da terra do norte
búfalos e coiotes
dominam a língua dos rios
e repetem o seu murmúrio:

– foi por causa daquela mulher
a quem roubaram tudo

matilha

você não sabe de nada
nunca olhou na minha cara
minha cara é um rasgo
no arquivo de dados

treinei meu olho de lobo
no suporte da visão:
estou morta como todos os bichos mortos
estou viva como os ventos desta noite

uma mulher velha é uma matilha
seguida por nuvens de vagalumes

farejadora de bichos
manadas, cardumes
proibida de comê-los
guardiã da interdição

mulher vazia leva nas costas
um saco de sementes
turíbulo atado aos quadris
ramo de hortelã nos dentes

(só quem pressente sabe
que saber não sacia)

mulher moça com perfume
revira vísceras
sacrifica o cervo
pelo almíscar

sozinha no escuro
onde o fogo crepita
com kajal inscreve
seu olho na cripta

comanda o ritual
destrói o sonífero
provê a água quente
do parto dos mamíferos

os filhos chupam
o corpo da mãe
e alucinam

Vermelho Contemporâneo

> *a poesia está depois*
> *ou é anterior à escuta?*
> Déborah de Paula Souza

Ao reunir num único volume poemas inéditos, sem data, mas que sabemos escritos por quase três décadas – a poeta Déborah de Paula Souza entra no jogo embaralhando as cartas. Sem contar com a facilidade da ordem cronológica, como dizer: ali há o frescor da juventude, do vermelho quente? Ou aqui o poeta maduro, vermelho-saturno ardendo em si mesmo?

A verdade é que Déborah ficou anos "à escuta" da poesia para surgir intempestiva, exalando perfume e prazer de "criança brincando com navalhas" – especialmente na primeira parte do livro, Relâmpagos. Impossível não reconhecer nos seus versos-slogans a voz de Paulo Leminski: "vidraça trincada/ rodamoinho/ vendaval/ não, sei não/ desconfio/ nada disso/ é original." Ou em *cassino love*: "um rei, uma dama/ um ás na manga/ punhal pelas costas/ ladies and gentlemen/ façam suas apostas."

Se fosse filiada a alguma escola, então sairia no recreio com Ana Cristina Cesar, pela cumplicidade inevitável que se dá na leitura dos poemas confessionais. A impressão é de que está ora levantando saias esvoaçantes, provocando; ou esnobe e desbocada, veja se isso é modo de tratar o homem amado: "por isso você me adora/ mesmo que eu/ não seja mais tão bonita/ nem adianta discordar/ tenho calcinhas e espelhos/ sei muito bem / o que você viu em mim."

O amor está por toda a parte em *Vermelho Vivo*, e alguns reunidos em A Morte do Amor. Não há lamento, nem perda: "o amor/ que cada homem conheceu em mim/ nunca me abandonou." Mas sobrevém desalento e quietude. E esse silêncio – "orgasmo da escuta" – prepara o conhecimento de outros subterrâneos, inconscientes. Assim, encontraremos em Entre os Mundos, Palavra Pólen , A Carta da Imperatriz e Bicho (as últimas partes do volume), a poeta compassiva, fervorosa e perplexa com o nascimento e a morte de tudo – da terra, do último rio, do surto, e da humanidade em tempos de pandemia.

Nesse mundo, onde o único lugar confortável é o amor: a ninfa é de carne, chama-se *bárbara*, e foi amamentada com seu leite e espuma; a primeira mulher se entende com serpentes, lembra que seu homem está nu e, mais adiante, será penetrada pelo diabo – em *diabo no corpo*, poema urgente para entrar nas antologias da poesia contemporânea.

"de forma que entra/ no corpo da mulher/ bufando como animal/ com chifres quase alados/ de modo que toca o intocável/ e bole e dança/ até que ela lhe prepare/ com alegria e gritos/ perfumes, crianças/ e toda sorte de escândalos/ de maneira que agarra/ seus cabelos/ e respira como um bicho/ rescendendo a sândalo/ e molha seu dorso/ com saliva e cuidado/ assim penetra o diabo/ falo, punhal ou lembrança/ dentro da mulher alcança/ a paz e seus contrários/ então é homem, filho, calmaria/ santo profeta de velhas mesquitas/ irmão do que é belo e são/ senhor das coisas benditas".

Sem nos darmos conta, em *Vermelho Vivo*, as sacerdotisas moram ao lado: a senhora benzedeira em seu caldeirão, a vidente Dona Romana, do Tocantins, ou a grande dama do inconsciente, a sergipana Jardelina, de Bela Vista do Paraíso, no Paraná. Até mesmo a mãe morta se apresentará "no sabá da despedida, a caminho do japão, vestida de vermelho."

Nas representações do feminino, além de promessas de encontro (e do *script histérico*), restam busca e escavação – como em *latinas*. "essas mulheres procurando ossos/ nas valas nos desertos na vila clementino/ essas mulheres chamadas loucas/ cavucando histórias movendo destinos/ cegas com a balança de tanta precisão" – referindo-se às avós argentinas, às mães chilenas e aos filhos desaparecidos no período de Pinochet e às arqueólogas brasileiras, debruçadas sobre ossadas de vítimas da ditadura encontradas no cemitério de Perus, em São Paulo.

À esta altura já entendemos por que tantas camadas tiveram de ser revolvidas antes deste livro chegar às nossas mãos, assim tão *inatual*.

No dizer de Nietzsche – em *O que é o contemporâneo e outros ensaios*, de Giorgio Agamben – pertence verdadeiramente ao seu tempo, é verdadeiramente contemporâneo, aquele que não coincide perfeitamente com este, nem está adequado às suas pretensões e é, portanto, nesse sentido, inatual; mas, exatamente por isso, exatamente através desse deslocamento e desse anacronismo, ele é capaz, mais do que os outros, de perceber e apreender o seu tempo.

Roland Barthes resume: "O contemporâneo é o intempestivo". Como esse *Vermelho Vivo*.

Leusa Araujo
Jornalista, escritora e pesquisadora do núcleo de teledramaturgia da Rede Globo.

© 2021 Déborah de Paula Souza

Todos os direitos reservados à Laranja Original Editora e Produtora Eireli.

www.laranjaoriginal.com.br

Edição
Filipe Moreau
Germana Zanettini
Projeto gráfico e capa
Iris Gonçalves
Foto da autora
Arquivo pessoal
Produção executiva
Bruna Lima

Dados Internacionais de Catalogação na Publicação (CIP)
Câmara Brasileira do Livro, SP, Brasil

Souza, Déborah de Paula
    Vermelho Vivo / Déborah de Paula Souza. -- 1. ed.
-- São Paulo, SP : Editora Laranja Original, 2021.

    ISBN 978-65-86042-31-3

    1. Poesia brasileira I. Título.

21-90663   CDD-B869.1

Índices para catálogo sistemático:
1. Poesia : Literatura brasileira B869.1
Eliete Marques da Silva - Bibliotecária - CRB-8/9380